CIENCIA DE COMPUTACIÓN: CONCEPTOS ESENCIALES

ALGORITMOS

LA BASE DE LA PROGRAMACIÓN DE COMPUTADORAS

DANIEL R. FAUST

TRADUCIDO POR ALBERTO JIMÉNEZ

PowerKiDS press.

New York

Published in 2019 by The Rosen Publishing Group, Inc.
29 East 21st Street, New York, NY 10010

First Edition

Translator: Alberto Jiménez
Editorial Director, Spanish: Nathalie Beullens-Maoui
Editor, Spanish Ana María García
Book Design: Reann Nye

Photo Credits: Cover Umberto Shtanzman/Shutterstock.com; p. 5 JGI/Tom Grill/Blend Images/Getty Images; p. 6 SVF2/Universal Images Group/Getty Images; p. 7 Compassionate Eye Foundation/Steven Errico/DigitalVision/Getty Images; pp. 9, 24 wavebreakmedia/Shutterstock.com; p. 11 Arina P Habich/Shutterstock.com; p. 13 Eternity in an Instant/DigitalVision/Getty Images; p. 15 Vintage Tone/Shutterstock.com; p. 17 Sergey Nivens/Shutterstock.com; p. 19 veeterzy/Shutterstock.com; p. 21 Arjuna Kodisinghe/Shutterstock.com; p. 23 Hero Images/Getty Images; p. 25 DEA/S. VANNINI/De Agostini/Getty Images; p. 27 Rawpixel.com/Shutterstock.com; p. 28 Denys Prykhodov/Shutterstock.com; p. 29 Corepics VOF/Shutterstock.com; p. 30 JGI/Tom Grill/Blend Images/Getty Images.

Cataloging-in-Publication Data

Names: Faust, Daniel R.
Title: Algoritmos: la base de la programación de computadoras / Daniel R. Faust.
Description: New York : PowerKids Press, 2019. | Series: Ciencia de computación: conceptos esenciales | Includes glossary and index.
Identifiers: LCCN ISBN 9781538337080 (pbk.) | ISBN 9781538337073 (library bound) | ISBN 9781538337097 (6 pack)
Subjects: LCSH: Computer programming—Juvenile literature. | Algorithms—Juvenile literature. | Computer science—Mathematics—Juvenile literature.
Classification: LCC QA76.6 F385 2018 | DDC 005.1—dc23

Manufactured in the United States of America

CPSIA Compliance Information: Batch #CS18PK: For further information contact Rosen Publishing, New York, New York at 1-800-237-9932

CuNTENIDu

PASO A PASO

Es lunes por la mañana y tienes que prepararte para la escuela. Primero, apagas el despertador. Tal vez le hayas dado al botón *snooze*. Sales de la cama y desayunas. Luego te cepillas los dientes y te vistes. Pero antes compruebas el tiempo. ¿Hace frío o calor? ¿Llueve? Una vez vestido, tomas tus libros y corres a la parada del autobús.

Muchas de las cosas que hacemos cada día requieren que sigamos, paso a paso, ciertos **procedimientos**. Antes de conducir al trabajo, tu mamá tiene que abrir el auto, abrocharse el cinturón de seguridad, arrancar el motor y ponerlo en marcha. Cuando tu papá prepara la cena, probablemente sigue una receta. Cada procedimiento ha de seguir ordenadamente una serie de pasos para completar una tarea o resolver un problema.

Piensa en todas las decisiones que tomas cuando te preparas por la mañana. Cada decisión afecta al siguiente paso del proceso. ➤

5

ALGORITMOS EN LA CLASE DE MATEMÁTICAS

Usas algoritmos todos los días en las clases de Matemáticas y probablemente nunca te diste cuenta. Sumar, restar, multiplicar y dividir son ejemplos de formas sencillas de sumar, restar, multiplicar y dividir algoritmos. Un algoritmo es un conjunto especial de reglas usadas para hacer **cálculos** y otras operaciones de resolución de problemas.

EL PADRE DEL ÁLGEBRA

Muhammad ibn Mūsā al-Khwārizmī nació en Persia, alrededor del 780 d. C. Era uno de los hombres ilustrados que trabajaba en la Casa de la Sabiduría, un centro de investigación científica y de enseñanza. Matemático y astrónomo, creó los cálculos paso a paso que se convertirían en el álgebra. La palabra algoritmo proviene de la traducción latina del nombre al-Khwārizmī.

Cuando se completan los pasos necesarios para resolver una ecuación algebraica se usa un algoritmo.

El álgebra es una rama de las matemáticas. Con álgebra puedes utilizar un paso a la vez para calcular un valor desconocido. Para resolver una **ecuación** algebraica, es importante seguir todos los pasos en el orden establecido. Omitir un paso o realizar el paso cuatro antes del tres, por ejemplo, dará una respuesta equivocada. Un programa de computadora se parece mucho a una ecuación. Para realizar las tareas correctamente, los programas deben seguir paso a paso las instrucciones.

7

BÚSQUEDAS Y HOJAS DE CÁLCULO

Las computadoras se han convertido en herramientas importantes en nuestra vida diaria. Las utilizamos para comprar, ver películas, hacer nuestros trabajos y mantenernos en contacto con la familia y los amigos. Cada tarea realizada por una computadora requiere un programa. Y cada programa exige los algoritmos adecuados.

¿Has utilizado alguna vez un buscador para conseguir información? ¿Usan tus padres hojas de cálculo para llevar un registro de las finanzas del hogar? Si la respuesta es afirmativa, entonces has utilizado un algoritmo.

Un motor de búsqueda utiliza algoritmos para clasificar y ordenar los resultados de búsqueda. Aparecer en orden de **relevancia** del resultado indica lo popular que es ese resultado. Las hojas de cálculo utilizan algoritmos para ordenar y buscar datos y realizar cálculos matemáticos.

CONEXIÓN COMPUTACIÓN

Una búsqueda booleana usa las palabras *and, or* o *not* entre los términos de búsqueda para ayudar a obtener mejores resultados.

Habrás tenido que realizar búsquedas en Internet para hacer algún trabajo. Los algoritmos juegan un papel importante en el buen funcionamiento de los motores de búsqueda.

¿QUÉ ES UN PROGRAMA DE COMPUTADORA?

Las computadoras son inútiles sin programas. Un programa le dice a la máquina cómo resolver un problema específico. Muchos de los problemas que la gente resuelve con ayuda de las computadoras son grandes y complicados. A veces, estos programas han de fragmentarse en pasos sencillos.

Todos los programas de computadora tienen los mismos pasos básicos. El primer paso es la entrada, el ingreso de la información que nosotros, los usuarios, proporcionamos. Pueden ser caracteres escritos en un teclado o los movimientos que realices con un *joystick* de videojuegos. En el segundo paso, la computadora toma la entrada y la **manipula**. Esto se denomina *procedimiento*. El paso final es la salida. La salida puede ser texto mostrado en un monitor, páginas impresas por una impresora o las acciones de un personaje de un videojuego.

Ya sea que utilices el teclado físico en un portátil o el teclado virtual en tu *smartphone* o *tablet*, todas las computadoras requieren que el usuario ingrese cadenas de texto.

ENTRADA Y SALIDA PARA VARIOS TIPOS DE PROGRAMAS

PROCESADOR DE TEXTO

ENTRADA
Caracteres que se ingresan con teclado

PROCEDIMIENTO
Formatea texto

SALIDA
Muestra e imprime texto formateado

VIDEOJUEGO

ENTRADA
Teclado o movimientos de *joystick*

PROCEDIMIENTO
Calcula la rapidez y a qué distancia se mueven las figuras en la pantalla

SALIDA
Mueve una figura en la pantalla

NAVEGADOR WEB

ENTRADA
HTML programado en otra computadora

PROCEDIMIENTO
Convierte código HTML en texto y gráficos

SALIDA
Muestra páginas web en la pantalla

PROCEDIMIENTOS Y DIAGRAMAS DE FLUJO

Los programas informáticos hacen que las computadoras ejecuten una serie de instrucciones paso a paso. Los programas siguen cada paso hasta que se alcanza la meta final del programa: indican a las computadoras qué pasos deben seguir. Los algoritmos indican a los programas cómo seguir cada paso.

PUNTO DE PARTIDA

SÍ NO

PREGUNTA

PREGUNTA

PUNTO FINAL

PREGUNTA

PUNTO FINAL

PUNTO FINAL

LAS PARTES DE UN DIAGRAMA DE FLUJO

Cada paso constituye una parte específica del diagrama de flujo. El comienzo se representa con un círculo. Cada paso del proceso es representado por un rectángulo. Cualquier paso que requiera una decisión, generalmente una simple pregunta de "sí" o "no", es un diamante. Un rectángulo representa el punto final del proceso.

¿Te gusta cocinar? Seguir los pasos de una receta es muy parecido a cómo un programa de computadora sigue los pasos de un algoritmo.

Usemos el ejemplo de hacer la cena. Un algoritmo es como una receta que se usa para preparar una comida. Una receta enumera todos los ingredientes que necesitas y los pasos que debes seguir para combinarlos correctamente. Los ingredientes que utilizas son la entrada. La comida que comerás más tarde, la salida. Mezclar y cocinar los ingredientes son los pasos que componen el **procedimiento**.

13

Un algoritmo debe ser simple y **eficiente**. Ha de tener un comienzo claro y un final obvio. Puede haber tantos pasos en el medio como sea necesario, y estos pasos pueden repetirse muchas veces si es necesario. Una vez que se escribe un algoritmo, el programa de computadora realizará la operación de la misma manera una y otra vez.

Los programadores escriben un algoritmo antes de traducirlo a un **lenguaje de codificación** específico, como JavaScript o Python. Hay diferentes maneras de escribir un algoritmo. Los algoritmos se pueden escribir como una serie de pasos en texto simple o como un diagrama de flujo usando formas y flechas. El primer paso es siempre el mismo: inicia el procedimiento. El paso final siempre termina el procedimiento.

CONEXIÓN COMPUTACIÓN

El pseudocódigo es un lenguaje especial inventado por los programadores informáticos para ayudarse a escribir algoritmos antes de traducir los algoritmos al lenguaje de programación específico utilizado por el programa.

```
(typeOfFID == "REAL"):                        string4repl
(numOfdot == -1):                tmpFormat = 14      value =
lace("czFieldID",str(key)) tempString
lace("czData",str(int(value*pow(10,14
lace + tempString  elif(typeOfFID ==
buffer tempString = tempString.repla
lace + tempString  elif(typeOfFID ==
lace("czDataType","Buffer") tempStrin
or line in searchlines: if "<Name va
ame = searchObj1.group(1) if "</Messa
HRicName+"\t"+opaqueV+"\t"+onlyFilena
me =  ""   opaqueV = ""   if not os.path.
rt shutil if os.path.exists("Input4RT
es() fo        content:      or filenam
(1)] =             str(fName), e.M|re.I)
```

Hoy se utilizan innumerables lenguajes de programación. Pero todos pueden usarse para escribir algoritmos.

15

LOS ALGORITMOS MÁS COMUNES

Los dos tipos más comunes son los algoritmos de búsqueda y los de clasificación. Los algoritmos de búsqueda lineal son útiles en listas relativamente cortas. Las búsquedas lineales comienzan con el primer ítem de la lista y comprueban toda la secuencia. Las búsquedas binarias son mejores para tratar grandes conjuntos de datos. Una búsqueda binaria secciona repetidamente una lista de datos por la mitad hasta que localiza la información correcta.

TIPOS DE ALGORITMOS DE CLASIFICACIÓN

DE CUBO: los datos se dividen en una serie de listas más pequeñas, llamadas *cubos*. Los datos se clasifican y redistribuyen a la lista más grande.

DE FUSIÓN: compara dos listas clasificadas y las fusiona.

DE BURBUJA: ordena una lista comparando dos datos adyacentes a la vez.

DE ORDEN RÁPIDO: divide una lista en dos listas más pequeñas y las ordena.

Clasificar los datos facilita la búsqueda cuando se necesita. Piensa en lo fácil que es encontrar un libro en tu biblioteca local con el Sistema Decimal Dewey.

Las computadoras dedican mucho tiempo a clasificar grandes cantidades de datos; por eso se han creado diferentes tipos de algoritmos de clasificación. Los algoritmos de clasificación toman la entrada, en forma de una larga lista de datos, y realizan operaciones específicas, tales como ordenar alfabéticamente una lista de nombres. El algoritmo produce entonces la salida en forma de lista ordenada.

CLASIFICACIONES DE LOS ALGORITMOS

La búsqueda y la clasificación pueden ser los tipos más comunes de algoritmos, pero no son los únicos. Hay muchas clasificaciones o tipos diferentes de algoritmos utilizados en la programación de computadoras. Los algoritmos pueden clasificarse por su rendimiento, como los algoritmos recursivos, o por su diseño, como los algoritmos de fuerza bruta.

Un algoritmo recursivo primero resuelve un pequeño problema. Luego usa ese método para resolver otra versión de ese problema. Un algoritmo recursivo se refiere a sí mismo una y otra vez hasta que la tarea se completa. Estos tipos de algoritmos a menudo utilizan ciclos de programación: secuencias que se llevan a cabo varias veces.

CONEXIÓN COMPUTACIÓN

En computación, una *pila* es una colección de datos. Se pueden añadir datos, lo que se llama *empujar*. Los datos más recientes también pueden eliminarse, lo que se llama *popping*.

Estas cajas son una perfecta representación de pilas de datos. Se pueden añadir nuevas cajas a una pila, y solo la última caja añadida puede retirarse sin destruir toda la pila.

19

Un algoritmo en serie solo puede realizar un paso de un algoritmo a la vez. Un algoritmo paralelo aprovecha las computadoras que tienen múltiples **procesadores** que pueden trabajar en varios pasos al mismo tiempo. Los algoritmos que necesitan varios equipos conectados a una red se denominan *algoritmos distribuidos*.

A un algoritmo de fuerza bruta a veces se le llama *algoritmo de búsqueda exhaustiva*; este intenta todas las soluciones posibles a un problema hasta que descubre la mejor. Un algoritmo divide-y-conquista un problema y lo reduce repetidamente a problemas más pequeños. Al perder tamaño, los problemas son fáciles de resolver. Un algoritmo voraz es aquel que hace que lo que determina sea la mejor opción en cada paso del proceso con la esperanza de alcanzar el resultado final correcto. Aunque pueden ser precisos en un paso determinado, los algoritmos voraces rara vez producen un resultado final correcto.

Los algoritmos pueden contener cientos o miles de pasos. Tener varias computadoras conectadas a una red significa que todos pueden trabajar juntos en el algoritmo ahorrando tiempo.

21

MÚSICA Y PELÍCULAS

La compresión de archivos toma archivos grandes, como tu álbum o película favoritos, y los hace más pequeños. El uso de archivos más pequeños significa menos **ancho de banda**, lo que significa a su vez que se pueden descargar o transferir mucho más rápido.

Hay dos tipos de algoritmos de compresión de archivos: compresión sin pérdida y compresión con pérdida. La primera comprime todos las datos contenidos en un archivo. Imagina que esta cadena de letras representa un archivo de datos: AAABBBBBBCDDDDDDD.

Se repite mucha información: las letras se pueden comprimir y escribir A3B6C1D7. La compresión de pérdida reduce los archivos al eliminar datos innecesarios, como los sonidos que el oído humano no puede oír en un archivo de música.

CONEXIÓN COMPUTACIÓN

El uso repetido de la compresión con pérdida en un archivo elimina cada vez más datos del original. Esto resulta en una imagen o canción de menor calidad que la original.

Muchas personas tienen cientos de canciones almacenadas en su *smartphone*. Los algoritmos permiten mantener los archivos comprimidos, lo que significa que ocupan menos espacio.

23

REDIMENSIONAR Y RETOCAR

Los algoritmos son un componente clave en el diseño gráfico, animación por computadora y manipulación de imágenes. Muchos factores en el diseño gráfico, como los tamaños de pantalla y la **resolución**, se basan en cálculos matemáticos. Los colores, fuentes y estilos de letra han sido categorizados e indexados. Todo esto requirió el uso de algoritmos.

Los programadores observaron la forma en que se movían los grupos de animales y crearon algoritmos que ayudan a los animadores a crear multitudes.

El algoritmo de Nagle se usa en gráficos computarizados. Hace que el **buffering** sea más eficiente. En lugar de enviar datos en varias piezas pequeñas, llamadas *paquetes*, este algoritmo combina varios paquetes pequeños en uno solo más grande, el cual es enviado por el remitente.

Los animadores por computadora usan programas que se basan en algoritmos cuya base son las pautas con las que se mueven las bandadas de aves y los rebaños de otros animales.

GUARDAR SECRETOS

Probablemente oíste la palabra *encriptación* antes. El cifrado es el proceso de convertir texto ordinario, llamado *texto plano*, en texto cifrado que no puede entenderse a menos que sea decodificado o descifrado. El cifrado existe desde hace miles de años. Los gobiernos y los militares lo han utilizado a menudo para enviar y recibir información importante.

En la era digital, el cifrado se ha vuelto más importante que nunca. Cada vez que enviamos nuestra información personal o financiera a través de Internet, esta podría ser

TÉRMINOS CLAVE DE CIFRADO

CIFRADO DE BLOQUES: Algoritmos que cifran trozos, o bloques, de datos para crear un texto cifrado.

ALGORITMO DE CIFRADO: Forma de cifrar o descifrar un mensaje.

ENCRIPTACIÓN DE CLAVE PÚBLICA: Usar una clave pública para encriptar mensajes y una privada para desencriptarlos.

ALGORITMO DE CIFRADO SIMÉTRICO: Un algoritmo en que la clave de cifrado y la de descifrado se relacionan entre sí. Puede que incluso sean las mismas.

Para protegerlos de *hackers* y otros delincuentes, los datos más importantes, almacenados en computadoras e Internet, están cifrados. Los algoritmos permiten crear encriptaciones más seguras.

interceptada por delincuentes. Los sitios de Internet utilizan algoritmos para cifrar datos confidenciales antes de que se transfieran a través de Internet. Las empresas también utilizan el cifrado para mantener sus datos almacenados seguros y protegidos. Por supuesto, los *hackers* todavía pueden robar esta información si dan con un algoritmo más fuerte para descifrar la información codificada.

UNA CARA ENTRE MIL

Los algoritmos se han utilizado durante algún tiempo para identificar a las personas basándose en los patrones únicos de sus huellas dactilares. Estos algoritmos también son utilizados por los escáneres de huellas dactilares que se pueden encontrar en algunos *smartphones*. Ahora, aunque puede parecer algo salido de una película de ciencia ficción, los algoritmos pueden ser usados para identificar personas en las fotografías.

Los programas de reconocimiento facial utilizan algoritmos para identificar "puntos de referencia" en un rostro. Estas marcas incluyen el tamaño, la forma y la posición de los ojos, la nariz, los pómulos, el mentón

CONEXIÓN COMPUTACIÓN

La biometría consiste en utilizar el reconocimiento facial, las huellas, los escaneos de retina, los patrones de voz y otros datos biológicos para confirmar la identidad de alguien.

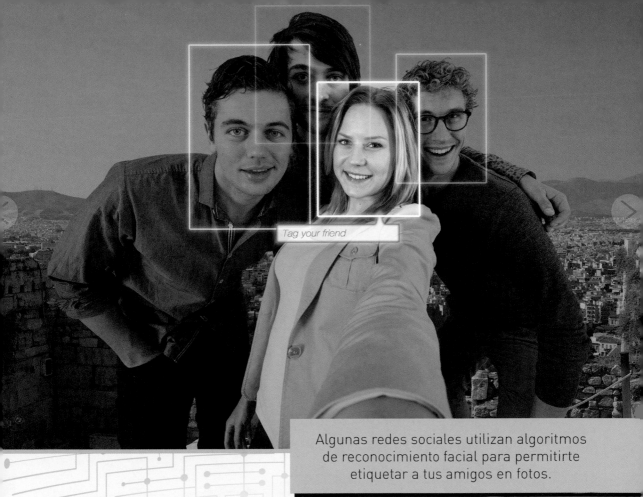

Tag your friend

Algunas redes sociales utilizan algoritmos de reconocimiento facial para permitirte etiquetar a tus amigos en fotos.

y la mandíbula. A continuación, el programa de reconocimiento facial busca en una base de datos de imágenes las que contengan puntos de referencia similares.

Es posible que los algoritmos de reconocimiento facial no sean perfectos, pero algún día podrán ayudar a reducir la cantidad de tiempo que las agencias policiales dedican a tratar de identificar posibles sospechosos.

ESCRIBE TU PROPIO ALGORITMO

Utilizamos algoritmos todo el tiempo, desde los motores de búsqueda hasta el uso compartido de archivos y las compras en línea.

Ahora que ya has leído acerca de los algoritmos en acción, tal vez desees intentar escribir los tuyos. Selecciona una tarea que hagas cada día y divídela en pasos. Escribe cada paso, ya sea en forma de lista o como diagrama de flujo.

Ejecuta cada paso, asegurándote de que el resultado final de tu nuevo algoritmo coincida con el resultado final deseado. Toma clases para aprender un lenguaje de programación, como Python o JavaScript. Una vez conseguidos los fundamentos, escribir algoritmos será muy fácil.

GLOSARIO

ancho de banda: la velocidad a la que se pueden transferir los datos.

buffering: trasladar datos a una zona de almacenamiento temporal.

calcular: encontrar la solución a un problema usando procesos matemáticos.

ecuación: una declaración formal de la igualdad de expresiones matemáticas.

eficiente: capaz de producir los resultados deseados sin desperdiciar materiales, tiempo o energía.

ejecutar: llevar a cabo o poner en práctica, como si se tratase de un plan.

lenguaje de codificación: una forma única de escribir *software*.

manipular: adaptar o cambiar algo según las necesidades.

procedimiento: una serie de pasos seguidos en un orden determinado.

procesador: el componente clave de un dispositivo informático.

relevancia: tener influencia significativa en un asunto o cuestión determinada.

resolución: la medida de la claridad de una imagen.

ÍNDICE

SITIOS DE INTERNET

Debido a que los enlaces de Internet cambian constantemente, PowerKids Press
ha creado una lista de sitios de Internet relacionados con el tema de este libro.
Este sitio se actualiza con regularidad. Por favor, utiliza este enlace para acceder
a la lista: www.powerkidslinks.com/eccs/algor